Inhalt

Internet-Fernsehen - Die Öffnung der heissbegehrten Telekom-Netze für die Wettbewerber steht bevor

Kernthesen

Beitrag

Fallbeispiele

Weiterführende Literatur

Impressum

GENIOS WirtschaftsWissen Nr. 04/2009 vom 01.04.2009

Internet-Fernsehen - Die Öffnung der heissbegehrten Telekom-Netze für die Wettbewerber steht bevor

M.Westphal

Kernthesen

- Das Hochgeschwindigkeits-Datennetz VDSL der Deutschen ermöglicht vielfältige Nutzungs-Szenarien wie Internet-TV (IPTV).
- Der Wettbewerb der Telekom kämpft seit Jahren um den Zugang zu diesem Netz und hat auch schon die EU eingeschaltet.

- Auf der Cebit hat die Deutsche Telekom verkündet, das Netz an ihre Wettbewerber zu vermieten, nicht aber ihren TV-Content.
- Insbesondere die durch IPTV mögliche Interaktivität wie auch die hohe Bildqualität werden dieses Medium zum Erfolg führen.

Beitrag

Die Deutsche Telekom verschafft ihren Mitbewerbern endlich den lange erkämpften Zugang zu ihrem Hochgeschwindigkeitsdatennetz VDSL. Dieses ermöglicht aufgrund seiner hohen Datenübertragungsraten auch die Verbreitung von hochauflösendem Fernsehen (IPTV) über die Datenleitung.

Das Hochgeschwindigkeits-Datennetz VDSL der Deutschen Telekom weckt Begehrlichkeiten

In den vergangenen Jahren gab es erbitterte Diskussionen um die Öffnung des Hochgeschwindigkeits-Datennetzes VDSL der Deutschen Telekom für andere Anbieter. Das Netz

kann eine Bandbreite von bis zu 50 Megabyte je Sekunde leisten und ist damit etwa 25 Mal schneller als traditionelle Internetanschlüsse. Sogar die Übertragung hochauflösender Fernsehbilder ist mit diesem Netz möglich.
Die bisherigen Kupferkabel der Telekom ermöglichen nur Bandbreiten bis zu 16 Megabyte und können somit nicht für die Übertragung von hochauflösenden Fernsehinhalten genutzt werden. Diese HD-Inhalte sind nur mit dem VDSL-Netz zuverlässig möglich. Auch neue Dienste wie Arztkonsultationen per Computer sind erst mit dem flächendeckenden Ausbau des VDSL-Netzes möglich. (1), (2)

Der erbitterte Streit um die Öffnung des VDSL-Netzes für den Wettbewerb hat offenbar ein Ende

Schon seit 2005 hat der Wettbewerb auf die Öffnung dieses Netzes auch für andere Marktteilnehmer gedrungen. Sogar die Europäische Kommission hat gegen die Bundesregierung ein EU-Verfahren eingeleitet, da die EU eine behördliche Kontrolle der Zugangsbedingungen und Nutzungspreise verlangt. Die Bundesnetzagentur hingegen hat sich bisher zurückgehalten und will erst dann einschreiten, wenn

auf dem Verhandlungswege keine Lösung erzielt wird. Bisher hat sie nur verlangt, dass die Telekom ihren Konkurrenten Zugang zu den Leerrohren verschafft, damit die Wettbewerber hier selbst ihre Leitungen legen könnten.
Nun verkündete die Deutsche Telekom auf der diesjährigen Cebit in Hannover ihren Entschluss, dieses Netz auch an Wettbewerber zu vermieten. Mit diesem Schritt hofft die Telekom der Regulierung zu entgehen. Für den Aufbau des Netzes, welches inzwischen 50 deutsche Städte und damit 10,9 Millionen Haushalte erreichen kann, sind etwa drei Milliarden Euro investiert worden. Nun möchte die Telekom an diesen Investitionen verdienen. (1), (2)

Die Preisgestaltung für die Netznutzung ist für die Deutsche Telekom neu

Heute kostet das Telekom-Angebot für Telefon, Internet und Unterhaltung die Telekom-Endkunden 54,95 Euro.
Im Rahmen der Preisgestaltung für die Netznutzung beschreitet die Deutsche Telekom Neuland. So ist die Höhe der monatlichen Miete abhängig von der Auslastung des Netzes. Für den Start setzt die

Telekom hier einen Preis je Nutzer von 30 Euro fest, der aber monatlich angepasst werden soll. Die Telekom verfolgt damit das Ziel, möglichst schnell möglichst viele Kunden für dieses Netz zu gewinnen, um schnell freie Mittel für einen weiteren Netzausbau zu haben. (1)
Gemäß den Planungen der Telekom wird sich der Preis degressiv entwickeln, sodass zunächst bei wachsenden Kundenzahlen mit einem schnellen Abfallen zu rechnen ist, um am Ende dann auf einem niedrigen Basisniveau zu verharren. Heute lässt die Deutsche Telekom sich noch nicht in die Karten schauen hinsichtlich der geplanten Höhe der Preisuntergrenze. Ebenso gibt es keine Aussagen darüber, bei welcher Kundenzahl diese Grenze denn erreicht würde. (1)
Allerdings stellt die Telekom unmissverständlich klar, dass es nicht die von einigen Wettbewerbern verlangten Großkundenrabatte geben wird. Alle Unternehmen, vom kleinen Regionalanbieter bis hin zum überregionalen Telekom-Wettbewerber werden die gleichen Konditionen erhalten. (1), (2)

Aktuell verhandelt die Deutsche Telekom mit vielen Interessenten um Netzzugang aber auch

gemeinsamen Ausbau

Die Telekom verhandelt derzeit mit Vodafone (Arcor), United Internet, 1&1, M-Net und anderen Anbietern über den Zugang zum VDSL-Netz. Mit Vodafone liegt bereits ein unterschriebener Vertrag vor. Dabei geht es auch um technische Fragen. Allerdings ist erst in ein paar Wochen mit dem Start anderer Anbieter zu rechnen. (1), (2)
Einsteigen können sowohl Konkurrenten der Telekom wie auch Wiederverkäufer von Telekom-Angeboten. (1)
Das eigene Internetfernsehangebot will die Telekom allerdings nicht zur Verfügung stellen. Die Wettbewerber müssten hier also eigene Lösungen anbieten. (1)
Die Telekom erwartet für ihr Dreifachangebot aus Internet, Telefon und Internetfernsehen (IPTV) günstige Wachstumsaussichten, die auch mittels Preissenkungen und zusätzlichen Inhalten ermöglicht werden sollen. Dabei geraten auch die Fernsehkabelanbieter ins Visier der Telekom, da diese ihre Anteile am DSL-Markt deutlich erhöht haben.
Bis Ende des Jahres will die Telekom die Zahl ihrer Entertain-Kunden mindestens auf eine Million verdoppelt haben. (1)
Außerdem will die Telekom mit ihren Wettbewerbern Kooperationsvereinbarungen in Bezug auf den weiteren Ausbau der Glasfasernetze abschließen. Hier

verlaufen die Verhandlungen bisher aber eher stockend, da die Wettbewerber auf den neuen Preis für die letzte Meile warten, über den Ende März von der Netzagentur entschieden wird. Nur, wenn mit dem neuen Netz auch Geld verdient werden kann, werden weitere Investitionen folgen, wie die 300 Millionen Euro, die die Deutsche Telekom für dieses Jahr eingestellt hat. (1), (2)

Das heutige Web-TV hat wenig mit IPTV gemeinsam

Die unzähligen Web-TV-Angebote, die in minderer Qualität auf den Computer-Monitoren zu sehen sind, haben wenig mit IPTV gemeinsam. Einzig die Funktion über das Internet-Protokoll mag hier ein verbindendes Element sein. Der wesentliche Unterschied besteht darin, dass IPTV sich nicht durch die undurchsichtigen und verschlängelten Pfade des World Wide Web kämpft, sondern eigene dezidierte Teile des Internet nutzt, die eine definierte Qualität ermöglichen. Zurzeit zeigt IPTV noch das Angebot der traditionellen Fernsehsender und wird von DSL-Anbietern angeboten. Technisch kann es über alle Übertragungswege also auch Kabel oder Satellit verbreitet werden, da auch diese genügend Bandbreite anbieten könnten und über einen

Rückkanal verfügen.
Die DSL-Betreiber nutzen keinen technischen Standard, so baut die Deutsche Telekom auf die Basis Media Room von Microsoft. Diese Lösung umfasst auch sämtliche Audio- und Videosignalkodierungen. (4)

Fallbeispiele

Das Angebot von Fußball-Übertragungen liegt im Trend. Neben dem Bezahlsender Premiere, mit seinem großen Angebot an Fußballübertragungen, kommen neue Anbieter auf den Markt wie der mit dem Projekttitel Soccer, der bei der Medienkontrollkommission KEK wie auch der NRW-Medienanstalt einen Antrag gestellt hat. Eigentlicher Antragsteller ist der Düsseldorfer Medienproduzent Lynx and Friends. Dieser gehört unter anderem dem früheren Fußballprofi Thomas Strunz. Das Konzept sieht vor, das Angebot über IPTV und Mobilfunk zu übertragen. (3)

Der Fernsehgerätehersteller Loewe hat schon vor zehn Jahren Geräte gebaut, die internetfähig waren. Die einstige Vision wird inzwischen Wirklichkeit in

den Angeboten der Telefonnetzbetreiber Hansenet, Arcor und Deutsche Telekom, die seit einiger Zeit Fernsehbilder durch ihre schnellen Internetleitungen jagen. (4)
IPTV ermöglicht viele Nischenprogramme. So ist bereits 2007 ein IPTV-Sender gestartet, der die internationale Turnierserie Intel Extreme Masters zeigt. (5)

Auch die Deutsche Telekom will an der Fußballbundesliga verdienen. Für ihr IPTV-Angebot ist sie derzeit auf der Suche nach einem Partner. So sind im Januar einige Medienkonzerne zu Gesprächen für eine Kooperation eingeladen worden. Zu diesen gehörten auch Premiere und das DSF. (10)
Die Telekom muss mit TV-Dienstleistern zusammenarbeiten, da sie ansonsten keine Live-Spiele produzieren könnte für das Internet. Bisher gibt es aber nur Geheimhaltungsverpflichtungen. Die Ausschreibungsunterlagen sollen Ende Januar/Anfang Februar versandt worden sein. Ab der Saison 2009/2010 besitzt die Telekom die IPTV-Rechte der Bundesliga für vier Jahre. (10)
Neben den IPTV-Rechten gibt es auch Rechte für die Internet-Verwertung, die Premiere erworben hat. Das kostet den Bezahlsender 25 Millionen Euro pro Jahr. (10)
Allerdings hat die Deutsche Telekom bisher ihre Bundesliga-Rechte nicht wirklich kapitalisiert. Schon

vor drei Jahren wurden die ersten Rechte erworben als Lockvogel für das neue TV-Angebot T-Home. (10) Dabei bietet die Telekom seit der vergangenen Saison auch interaktive Dienste an, bei denen einzelne Torszenen auch individuell abgerufen werden können. Die aktuelle Ausschreibung für die Produktion der Fußball-TV-Inhalte verfolgt auch den Ansatz, neue Vorschläge für weitere technische Möglichkeiten zu erfahren. (10)

Weiterführende Literatur

(1) Die Telekom öffnet ihr VDSL-Netz für die Konkurrenz
aus Frankfurter Allgemeine Zeitung, 02.03.2009, Nr. 51, S. 12

(2) O.V., Telekom öffnet VDSL für Konkurrenz, Spiegel Online, 02.03.2009
aus Frankfurter Allgemeine Zeitung, 02.03.2009, Nr. 51, S. 12

(3) Anpfiff für neue Fußball-Sender
aus Der Kontakter Nr. 09 vom 23.02.2009, S. 28

(4) In der Anarchie zeichnen sich Strukturen ab
aus Frankfurter Allgemeine Zeitung, 21.02.2009, Nr. 44, S. T2

(5) Profi-Daddler locken Weltkonzerne

aus Handelsblatt Nr. 033 vom 17.02.09 Seite 20

(6) Internet-TV weiter auf dem Vormarsch
aus Saarbrücker Zeitung vom 09.02.2009

(7) Telekom enttäuscht beim Kundenfang DSL-Marktanteil verteidigt - IPTV noch kümmerlich - Mobilfunk zeigt Sättigung
aus Börsen-Zeitung, 30.01.2009, Nummer 20, Seite 9

(8) Vom Blättern ohne Rascheln
aus Kölner Stadtanzeiger, 30.01.2009

(9) KPN stemmt sich gegen den Trend Mobilfunk bleibt Triebfeder - Ziele für 2010 bestätigt - Aktie steigt
aus Börsen-Zeitung, 28.01.2009, Nummer 18, Seite 13

(10) Telekom treibt Bundesliga im Internet voran
aus Handelsblatt Nr. 007 vom 12.01.09 Seite 15

Impressum

Internet-Fernsehen - Die Öffnung der heissbegehrten Telekom-Netze für die Wettbewerber steht bevor

Bibliografische Information der deutschen Nationalbibliothek

Die Deutsche Nationalbibliothek verzeichnet diese Publikation in der deutschen Nationalbibliografie; detaillierte bibliografische Daten sind im Internet über http://dnb.d-nb.de abrufbar.

ISBN: 978-3-7379-0351-6

© 2015 GBI-Genios Deutsche Wirtschaftsdatenbank GmbH, Freischützstraße 96, 81927 München, www.genios.de

Alle Rechte vorbehalten. Dieses Werk ist einschließlich aller seiner Teile – z.B. Texte, Tabellen und Grafiken - urheberrechtlich geschützt. Jede Verwertung außerhalb der Grenzen des Urheberrechtsgesetzes bedarf der vorherigen Zustimmung des Verlags. Dies gilt insbesondere auch für auszugsweise Nachdrucke, fotomechanische

Vervielfältigungen (Fotokopie/Mikroskopie), Übersetzungen, Auswertungen durch Datenbanken oder ähnliche Einrichtungen und die Einspeicherung und Verarbeitung in elektronischen Systemen.